Universo dos Livros Editora Ltda.
Rua do Bosque, 1589 – 6º andar – Bloco 2 – Conj. 603/606
Barra Funda – CEP 01136-001 – São Paulo – SP
Telefone/Fax: (11) 3392-3336
www.universodoslivros.com.br
e-mail: editor@universodoslivros.com.br
Siga-nos no Twitter: @univdoslivros

Chris Tunwell e Fernando Acuña

INGLÊS para falar em qualquer situação

São Paulo
2012

UNIVERSO DOS LIVROS

Diretor Editorial
Luis Matos

Revisão
Guilherme Laurito Summa

Projeto Gráfico
Daniele Fátima

Diagramação
Claudio Alves
Fabiana Pedrozo
Stephanie Lin

Capa
Sérgio Bergocce

Ilustração
Daniela Moreira Alves

Locução
Chris Tunwell
James Jernigan

Edição de Áudio
Gabriela de Avila

Dados Internacionais de Catalogação na Publicação (CIP)
(Câmara Brasileira do Livro, SP, Brasil)

T927p Tunwell, Chris.

Inglês para falar em qualquer situação / Chris Tunwell e Fernando Acuña. – São Paulo: Universo dos Livros, 2012.
128 p. – (Melhore seu inglês sem complicação; v. 1)

ISBN 978-85-7930-063-9

1. Língua inglesa. 2. Idiomas. I. Acuña, Fernando. II. Título.

CDD 428.24

Sumário

CD áudio

As seções assinaladas com este símbolo estão disponíveis no CD de áudio.

Introdução

Parte do problema de falar uma outra língua é saber exatamente como dizer certas frases fundamentais. Em vez de se esforçar para conhecer a estrutura da língua até o último detalhe, o essencial é saber como não fazer feio quando tentamos nos comunicar, longe da segurança de nossas línguas maternas.

Para sermos compreendidos, é fundamental aproximar a nossa fala da pronúncia dos falantes nativos, mas não é somente isso que vai determinar se conseguiremos nos virar no exterior.

Frequentemente, por causa de uma base não aprofundada do idioma, tentamos converter nossas frases para a língua estrangeira literalmente. O resultado, às vezes, fica bem estranho – e não porque a pronúncia está ruim, mas porque a semântica não bate culturalmente com a fala cotidiana das pessoas que vivem no país de origem da língua. Ficamos como um peixe fora d'água.

O objetivo deste livro é munir o viajante e/ou explorador de culturas alheias com uma gama de frases tanto úteis, quanto autênticas. Com nossa mãozinha e algumas horas de dedicação ao estudo, o leitor se sentirá mais preparado e confiante para enfrentar este mundo globalizado.

O livro separa em capítulos temáticos as frases essenciais, mostrando diferenças que existem entre o inglês falado nos dois lados do Atlântico. Além disso, a abordagem do vocabulário dirige a atenção aos pontos do léxico que frequentemente provocam confusões. A seleção de frases traduzidas espelha a expressão na língua original, ajudando-o com a sua pronúncia.

Seja como um companheiro de viagem que traz detalhes culturais, ou um livro de referência que satisfaça a curiosidade e responda as mais variadas perguntas, este livro apresenta o essencial do inglês.

1 Networking

Saber apresentar-se em público é, sem dúvida, muito importante. Há várias formas de expressar-se (formal, informal etc.) e cada situação exige uma abordagem diferente. Para não dar bola fora, o primeiro capítulo ensina você a começar com o pé direito.

1.1 Identifying yourself – *Apresentando-se* (1)

- I am James.
  Eu sou James.

- My name is Chris.
  Meu nome é Chris.

- I am the representative from Nestlé (company name).
  Eu sou o representante da Nestlé (nome da empresa).

- Hi, I'm Chris.
  Oi, sou o Chris.

- Hello, I don't think we've met. My name is James.
  Olá, acho que não fomos apresentados. Meu nome é James.

- That's me there in the photo standing next to Juliana.
  Este sou eu na foto ao lado da Juliana.

That's me, there in the photo, standing next to Juliana.

- Allow me to present myself, John Taylor.
  Deixe que eu me apresente: John Taylor.

- If I may introduce myself, my name is ________. I am the sales manager for ________.
  Se puder apresentar-me, meu nome é ________. Eu sou o gerente de vendas da ________.

- I don't believe we haven't been introduced! Tom from Human Resources.
  Não acredito que não fomos apresentados! Tom, de Recursos Humanos.

- Allow me to introduce myself. My name is ________.
  Deixe que eu me apresente. Meu nome é ________.

- Good morning, how do you do? My name is ________.
  Bom dia, como você vai? Meu nome é ________.

- Hello, my name is Jim. I'm ringing to see if ________.
  Olá, meu nome é Jim. Estou ligando para ver se ________.

Greetings – *Saudações*

A: How do you do?
Como você vai?
B: I'm pleased to meet you!
Prazer em conhecer você!
A: The pleasure is all mine!
O prazer é todo meu!

A: How are you?
Como você está?
B: I'm fine, and you?
Bem, e você?

A: Alright?
Tudo bem?
B: Fine!
Tudo bom!

Good morning!
Bom dia!
Good afternoon!
Boa tarde!
Good evening!
Boa noite!
Good night!
Boa noite! (despedida)

1.2 Professional presentation – *Apresentações profissionais* (2)

- I'm in finance.
  Estou na área financeira.

- I'm in charge of overseas sales.
  Sou responsável pelas vendas internacionais.

- I'm responsible for the day-to-day running of the company.
  Sou responsável pelo gerenciamento diário da empresa.

- I run the back office.
  Eu administro o back office.

- I am the junior partner at Universal.
  Sou parceiro júnior na Universo.

- I see to it that the company gets good press coverage.
  Sou eu quem faz com que a empresa tenha boa cobertura na imprensa.

- I am an administrative assistant.
  Eu sou assistente administrativo.

- I work in publicity.
  Trabalho com publicidade.

1.3 Introducing one person to another – *Apresentar pessoas* (3)

- Tom, this is Jane!
  Tom, essa é a Jane!

- Hey Jack, this is Jill!
  Oi Jack, essa é a Jill!

- Let me introduce you two. Tom, Jane. Jane, Tom.
  Deixe-me apresentá-los. Tom, Jane. Jane, Tom.

- You haven't met John, have you? John, this is Jane. Jane, John.
  Você ainda não conhece John, não é? John, esta é Jane. Jane, John.

- Have you two met? Oh well, Jill this is Roger. Roger, Jill.
  Vocês se conhecem? Bem, Jill este é Roger. Roger, Jill.

- There is someone I'd like you to meet.
  Há alguém que quero te apresentar.

- There is someone you simply must meet.
  Tem uma pessoa que você simplesmente precisa conhecer.

- Jane, have you met Tom?
  Jane, você já conhece o Tom?

- Let me introduce you to a colleague of mine, Tom. He works in our London office.
  Deixe-me apresentar um colega meu, Tom. Ele trabalha em nosso escritório em Londres.

- Let me present our technical director, John Miller. He has been with us since 2001.
  Deixe-me apresentar nosso diretor técnico, John Miller. Ele está conosco desde 2001.

- ... and here is our floor manager, Margaret Wilson. She is responsible for all the day-to-day running of production.
  ... e aqui está nossa gerente de produção, Margaret Wilson. Ela é responsável por todo o gerenciamento diário da produção.

- You haven't met Jill, have you? Jill will give you any assistance you might need with the sales department.
  Você ainda não conhece a Jill, certo? Ela te dará toda a assistência que possa precisar com o departamento de vendas.

1.4 Exploring possible contacts – Networking *Explorar possíveis contatos* (4)

- Where do you work?
  Onde você trabalha?

- Who do you work for?
  Para quem você trabalha?

- What is your particular area?
  Qual é sua área específica?

- What do you actually do?
  O quê você faz, exatamente?

- Who is your boss?
  Quem é o seu chefe?

- Do you know ________?
  Você conhece ________?

- Do you work with ________ (name)?
  Você trabalha com ________ (nome)?

- How long have you been working there ________?
  Há quanto tempo você está trabalhando na ________?

1.5 Identifying yourself at reception etc. – *Identificando-se na recepção* (5)

- I've come to see Rodrigo, my name is Peter Stuart from AIG.
  Estou aqui para ver o Rodrigo, meu nome é Peter Stuart, da AIG.

- Hello, I am Peter Stuart. I am here to see Sean Bond.
  Olá, sou Peter Stuart. Estou aqui para ver Sean Bond.

- I have an appointment with doctor Forster. My name is Blunt, Roger Blunt.
  Tenho uma consulta com dr. Forster. Meu nome é Blunt, Roger Blunt.

- Hi, I've come for an interview. My name is Jimmy.
  Oi, eu vim para uma entrevista. Meu nome é Jimmy.

1.6 Giving your telephone number – *Dar o seu número de telefone* (6)

- Let me give you my telephone number: 213-867-5309.
  Deixe-me te dar o meu número de telefone: 213-867-5309.

- If you need to speak to me, call me on 9787-9776.
  Se precisar falar comigo, ligue no 9787-9776.

- Why don't you give me a call/ring at 9867-5309?
  Por que você não me liga no 9867-5309?

- My telephone number is __________, or you can get hold of me on my mobile phone. That's __________.
  O meu número é __________, ou você pode me contatar no meu celular. O número é __________.

- Please call me at __________.
  Por favor, me ligue no __________.

1.7 Giving your e-mail address/personal homepage – *Passar seu e-mail/homepage pessoal* (7)

- My e-mail is chris **underline** tunwell **at** gmail **dot** com (chris_tunwell@gmail.com).
  O meu e-mail é chris ***underline*** *tunwell* ***arroba*** *gmail* ***ponto*** *com (chris_tunwell@gmail.com).*

- Our site is www.universodoslivros.com.br/essentialenglish.
  Nosso site é www.universodoslivros.com.br/catalogo.

- I'm on Facebook, under Chris.
  Estou no Facebook, com o nome Chris.

- I've got my own personal blog, it's bobby.blogspot.com.
  Tenho o meu próprio blog: é bobby.blogspot.com.

- You can contact me on twitter.com/Michael.
  Pode me contatar no twitter.com/Michael.

2 Getting around – Localizando-se

Talvez uma das maiores necessidades, particularmente, quando se quer chegar num lugar desconhecido, seja encontrar um banheiro ou pedir informações. Estar preparado com as frases certas, pode facilitar as visitas a novos lugares. Neste capítulo, há muitas informações indispensáveis para quem não gosta de se perder.

2.1 Asking for directions – *Pedir orientações* (8)

- Can you tell me the way to the Town Hall / City Hall? (nos Estados Unidos)
  Você pode me dizer onde fica a prefeitura?

- Could you tell me where the closest restroom is? (nos Estados Unidos)
  Pode me informar onde fica o banheiro mais próximo?

- Is there a toilet near here? (no Reino Unido)
  Há um banheiro por aqui?

- Excuse me, do you know which way the theatre is?
  Por favor, você sabe onde é o teatro?

- I wonder if you could help me. I seem to be lost. Do you know where Paulista Avenue is?
  Você poderia me ajudar? Estou meio perdido. Você sabe onde fica a Avenida Paulista?

- Which way is it the stadium, please?
  Qual é a direção para o estádio, por favor?

- Do you know if there's a subway near here?
  Você sabe se há um metrô por perto?

- You wouldn't happen to know where the post office is, would you?
  Por acaso você sabe onde é a agência dos correios?

Places – *Lugares*

Public Buildings – *Prédios Públicos*
Library – *Biblioteca*
Town Hall/City Hall (nos Estados Unidos) – *Prefeitura*
Shopping Centre/Mall – *Shopping*
School – *Escola*
Post Office – *Correios*
University – *Universidade*
Swimming Pool – *Piscina*
Sports Centre (Complex) – *Centro esportivo*
Art Gallery – *Galeria de arte*
Public Museum - *Museu/Pinacoteca*

2.2 Asking for services (Hotel) – *Pedir serviços no hotel* (9)

- Do you have a laundry service?
  Há serviço de lavanderia?

- Can I have a suit dry-cleaned?
  Posso ter o meu terno lavado a seco?

- Is there a gym/spa?
  Há uma academia/spa?

- Could you send a package by courier?
  Você poderia mandar um pacote por motoboy?

- I need to have my shoes polished, can you send someone to collect them?
  Eu preciso limpar os meus sapatos, você pode mandar alguém para pegá-los?

- Is there a safe box/safety deposit box I can use?
  Há um cofre que eu possa utilizar?

- Is there room service?
  Há serviço de quarto?

- Is there an airport shuttle service?
  Há serviço de transporte para o aeroporto?

- Where is the hotel bar?
  Onde é o bar do hotel?

- Could you call me a taxi?
  Você poderia chamar um táxi para mim?

2.3 General orientation – *Orientações gerais* (10)

- Can you recommend a good place to eat?
  Você pode me recomendar um bom lugar para comer?

- Where can I find a good bookshop/book store?
  Onde posso encontrar uma boa livraria?

- Are there any good museums around here?
  Há algum bom museu por aqui?

- Is there a post office nearby?
  Tem uma agência dos correios por perto?

- Where could I get my suit cleaned?
  Aonde eu poderia lavar meu terno?

- Do you know of anywhere that rents cars near here?
  Você conhece algum lugar onde posso alugar um carro por aqui?

- Do you know of any car rental place near here?
  Você sabe de algum local perto daqui onde eu poderia alugar um carro?

- Do you know where the car rental is located?
  Você sabe onde fica a locadora de carros?

- I need to get a bus to downtown (nos Estados Unidos)/the town centre (no Reino Unido), do you know where I can catch one?
  Preciso pegar um ônibus para o centro da cidade, você sabe por onde passa?

3 Money - Recursos financeiros

Hoje em dia, é muito difícil escapar da necessidade de utilizar e gerenciar nosso capital. O dinheiro está em cada faceta de nossas vidas e saber falar sobre questões financeiras é tão importante em uma segunda língua quanto em nossa língua materna. Trocando em miúdos, vale a pena ficar preparado para possíveis contratempos na comunicação financeira.

3.1 Foreign exchange – *Câmbio* (11)

- Where can I cash these travellers checks?
  Onde eu posso trocar esses travellers checks?

- Is there an exchange bureau (no Reino Unido)/foreign currency exchange office (nos Estados Unidos) near hear?
  Há uma agência de câmbio por aqui?

- Is there a place where I can exchange dollars?
  Tem um lugar onde posso trocar dólares?

- What is the exchange rate for the US dollar?
  Qual é a taxa de câmbio do dólar?

- How much do I get in the Brazilian Real?
  Quanto isso dá em reais?

- Where can I get the best exchange rate?
  Onde posso obter a melhor taxa de câmbio?

3.2 Paying – *Pagamento* (12)

- Can I write you a check?
  Você aceita em cheque?

- Do you accept credit cards?
  Você aceita cartão de crédito?

- Have you got change for a fifty dollars (nos Estados Unidos)/a fifty pound note (no Reino Unido)?
  Você tem troco para uma nota de cinquenta?

- Have you got change for a couple of bucks (nos Estados Unidos)/a quid (no Reino Unido)?
  Tem troco para cinco paus?

- Can I pay in easy installments (no Reino Unido)/installments (nos Estados Unidos)?
  Posso pagar em parcelas?

- Is there a discount for paying cash?
  Há desconto para pagamento à vista?

Is there a discount for paying cash.

- Do you accept VISA?
  Aceita cartão VISA?

- Can I pay with my debit card?
  Posso pagar com cartão de débito?

- Can I put it on lay-a-way?
  Posso comprar por consórcio?

Forms of paying – ***Formas de pagamento***

Cash – *à vista*
In cash – *em dinheiro*
By check – *com cheque*
With a credit card – *com cartão de crédito*
With a charge card – *com cartão de débito*
By direct debit – *com débito direto*
By standing order – *débito em conta*
By transfer – *por transferência em DOC*
In installments – *em parcelas*

3.3 Debts – *Dívidas* (13)

- I owe you money.
  Eu te devo dinheiro.

- I can't pay my debts off.
  Não consigo quitar as minhas dívidas.

- I have a large overdraft.
  Estou com uma enorme dúvida.

- My account is overdrawn.
  Minha conta está com o saldo devedor.

- My balance is in negative figures.
  O saldo da minha conta está negativo.

- My balance is back in the black.
  O saldo voltou ao azul.

- My account is in the red.
  A minha conta está no vermelho.

- I have completely paid off my debts.
  Já quitei a minha dívida.

- I am debt-free.
  Estou livre de dívida.

- I've got a mortgage on the house.
  Tenho uma hipoteca (crédito imobiliário) da casa.

- I'm paying off my credit card.
  Estou pagando o meu cartão de crédito.

- I am in debt.
  Estou endividado.

- Most of my assets have been liquidated.
  A maioria dos meus ativos já estão liquidados.

Investments – *Investimentos* **(14)**

Bear market – *mercado em alta, operando 20% acima da média dos níveis recentes*
Bull market – *mercado em baixa, operando 20% abaixo da média dos níveis recentes*
Blue Chip Stocks – *ações Blue Chips/ações de primeira linha*
Depression – *depressão*
Derivatives – *derivativos*
Equity investment fund – *fundo de investimento de renda variável*
Fixed interest – *renda fixa*
Hedge fund – *fundo de hedge/fundo de proteção*
Investment fund – *fundo de investimento*
Pension fund – *previdência privada*
Recession – *recessão*
Savings account – *poupança*
Shares – *ações*
Sovereign gilts (Reino Unido) – *papéis do Tesouro*
Stock Market (Exchange) – *Bolsa de valores*
The Crash of '29 – *Crise de 29* (*queda da Bolsa americana*)
Treasury bonds – *papéis do Tesouro*

4 Food – *Comes e bebes*

Como ninguém é de ferro, onde quer que estejamos, sempre devemos nos preocupar com uma boa alimentação. No entanto, quando se trata de fazer um pedido numa segunda língua, corremos o risco de não receber o esperado. Seja você um grande conhecedor da culinária ou simplesmente um fã de *fast food*, este capítulo vai afastar a fome que bate à sua porta.

Mine was the rump steak!

4.1 Asking for the menu – *Pedir o cardápio* (15)

- Could you bring me the menu?
  Você poderia me trazer o cardápio?

- Could I see the wine list?
  Posso ver a carta de vinhos?

- Waiter! Bring me the à la carte menu, please.
  Garçom! Traga-me o cardápio à la carte, por favor.

- What's on the menu today?
  O que temos no cardápio hoje?

- What's today's special?
  Qual é o prato especial do dia?

4.2 Asking the Waiter – *Fazer o pedido ao garçom* (16)

- Could you bring me another glass?
  Você poderia me trazer mais um copo?

- We are ready to order.
  Estamos prontos para pedir.

- Waiter! Bring me another fork, this one is dirty!
  Garçom! Traga-me outro garfo, este está sujo!

- Could we have some more bread?
  Poderia nos trazer mais pão?

- Could you bring us another bottle of the red, please?
  Você poderia trazer mais uma garrafa do vinho tinto, por favor?

On the restaurant table – *Na mesa do restaurante*

Cutlery – *talheres*
Knife – *faca*
Steak knife – *faca serrada*
Fork – *garfo*
Fish knife and fork – *faca e garfo de peixe*
Spoon – *colher*
Soup spoon – *colher de sopa*
Teaspoon – *colher de chá*
Plate – *prato*
Side plate – *prato pequeno*
Soup dish – *prato fundo*
Glass – *copo*
Napkin (nos Estados Unidos) – *guardanapo*
Serviette (no Reino Unido) – *guardanapo*
Salt – *sal*
Pepper – *pimenta*
Oil – *azeite de oliva, óleo*
Vinegar – *vinagre*
Butter – *manteiga*
Bread roll – *pão*

4.3 Pub language – *Linguagem de bar* (17)

Quando se entra num pub ou bar no "reino anglo-saxão", você se depara com um mundo bem diferente e tradicional. Um lugar como esse possui uma cultura própria e com isso, também, uma linguagem especial.

Não adianta entrar no pub e simplesmente pedir uma cerveja, já que normalmente haverá pelo menos quatro tipos diferentes, além de uma gama inteira de variações das marcas tradicionais. Também não adianta esperar que a cerveja apareça na mesa como costuma acontecer no Brasil.

O importante é experimentar de acordo com o seu gosto, ou seja, se quer uma cerveja estupidamente gelada, o melhor seria pedir uma cerveja em garrafa, tipo *long neck*, da *cold shelf* ("prateleira gelada", um lugar refrigerado do bar). Talvez não fique tão gelada quanto no Brasil, mas é a melhor opção nesse aspecto. Se for para a Irlanda, o *stout Guinness* é uma tradição que deve ser protegida como patrimônio mundial. Ela é mais que uma cerveja, é uma instituição. Caso deseje fazer outro pedido na Ilha Verde, boa sorte, mas eu não consegui largar a *drop of the black stuff*, uma bebida tão escura quanto a noite, com uma espuma muito cremosa.

Gelada e no estilo *draught* ou *on tap* (chopp), existe a *lager*. Essa cerveja tem a cor dourada de que os brasileiros gostam. Você até pode pedir uma Skol, mas dificilmente encontrará o mesmo sabor.

A *bitter*, que também vem em chopp, é uma cerveja amarga com bastante lúpulo – uma flor que libera seu sabor amargo, dando origem aos sabores distintos das cervejas. Cada região tem sua própria cerveja, servida de forma tradicional com muita espuma (*Head*). A *bitter* chega com uma temperatura de adega, isso é, embora não seja quente, certamente não vai congelar a goela!

Se você gosta desse sabor, mas quer experimentar uma cerveja mais gelada, experimente um IPA (India Pale Ale) direto da *cold shelf*. A Newcastle Brown tem uma cerveja que desce redonda e é mais doce.

- What'll you have?
  O que você vai tomar?

- What can I get you?
  O que posso te oferecer?

- Fancy a game of darts?
  Quer uma partida de dardos?

- Last orders!
  Os últimos pedidos!

- Time, ladies and gentlemen!
  Tempo, senhoras e senhores!

- Let's have them glasses.
  Seus copos, por favor.

Beer – *tipos de cerveja*

Bitter – *amarga*
Brown Ale – *menos amarga, mais redonda, de cor bem ruiva*
Stout – *corpulenta*
IPA – *India Pale Ale*
Mild – *suave*
Lager – *clara*
Pils (Pilsner) – *cerveja típica da República Tcheca*

Beer brands – *marcas de cerveja*

American Brews
Budweiser
Coor's
Samuel Adams
Pabst Blue Ribbon
Miller

Irish Brews
Guinness

English Brews
John Courage
Directors
Newcastle Brown (Nuky Brown)
Ruddles County
Worthington's

Fuller's London Pride
John Smith's
Marston's
Younger's Tartan

4.4 Ordering a drink – *Pedir uma bebida* (18)

- Half of draught lager.
  Um chopp.

- A pint of the usual.
  A cerveja grande de sempre.

- Set them up again.
  Mais uma rodada.

- Could you bring me a Dry Martini?
  Você poderia me trazer um Dry Martini?

- I'd like a caipirinha.
  Uma caipirinha.

- A bottle of the house red, please.
  Uma garrafa do tinto da casa, por favor.

- Have you got any cold beer?
  Você tem alguma cerveja gelada?

- What beers do you have on tap?
  Que tipos de chopp você tem?

- Can I have another glass of champagne?
  Você me serve mais um copo de champanhe?

- Bring me another glass of Port.
  Traga-me mais um copo de vinho do Porto.

- Whisky on the rocks, please.
  Uísque "on the rocks" (com pedras de gelo), por favor.

- Give me a whiskey straight up.
  Uísque puro.

- Whisky chaser (Scottish).
  Um uísque e um chopp.

- Two pints of bitter and a half of lager.
  Duas jarras de cerveja "bitter" e meia de chopp.

- Could I have a shot of Tequila?
  Você pode me trazer uma dose de Tequila?

Beverages – *Bebidas*

Wines – *vinhos*
Red wine – *vinho tinto*
White wine – *vinho branco*
Rosé – *vinho rosé*
Champagne – *champanhe*
Sparkling wine – *espumante*
Port – *vinho do Porto*
Sherry – *xerez*

Spirits – *destilados*
Brandy – *conhaque*
Whisky – *uísque*
Rum – *rum*
Vodka – *vodca*
Gin – *gim*
Sake – *saquê*
Tequila – *tequila*

4.5 Ordering a meal – *Pedir uma refeição* (19)

- I think I'll have the roast leg of pork with french beans and roast potatoes.

Eu vou querer o pernil com vagem e batatas assadas.

- I'll go for the lasagna.

Vou querer lasanha.

- The fish looks interesting today.

O peixe parece bom hoje.

The fish looks interesting today.

- I'm going to have the chicken casserole.

  Vou escolher o frango ensopado.

4.6 Fast Food – *At the Burger Joint* (20)

- Mine's the Double Cheese Burger with French fries and a green salad.

  O meu é o cheeseburger duplo, com fritas e uma salada verde.

- I'll have a hamburger with fries and an extra-large coke.

  Vou querer o hambúrguer com fritas e uma Coca-Cola extragrande.

- Give me a hamburger, no onions or pickles, large fries and an orange juice. *Quero um hambúrguer, sem cebolas ou picles, fritas grande e um suco de laranja.*

International Specialities – *Especialidades internacionais*

Japanese dishes – *pratos japoneses*
Sushi – *rolo de arroz com peixe cru*
Sashimi – *peixe cru*
Tempura – *massa frita com legumes e camarões*
Yakisoba – *macarrão com carne e legumes*

Chinese dishes – *pratos chineses*
Chou Mein – *yakisoba chinês*
Spring Rolls – *rolinhos primavera*
Peking Duck – *pato estilo "Pequim"*
Noodles – *miojo*
Won Ton Soup – *sopa "won ton"*
Bird's nest soup – *sopa de ninho de pássaro*
Shark fin soup – *sopa de barbatana de tubarão*

Indian dishes – *pratos indianos*
Chicken Curry – *ensopado de frango*
Tandoori chicken – *frango Tandoori*
Naan – *pão com cebola, mais grosso que chapatti*
Pakora – *vegetais empanados com uma mistura feita de farinha de grão de bico (parecido com o tempurá japonês)*
Chapatti – *tipo pão árabe (sírio)*

Italian dishes – *pratos Italianos*
Spaghetti Bolognaise – *espaguete à bolonhesa*
Polenta – *polenta*
Cannelloni – *canelone*
Lasagna – *lasanha*
Pizza – *pizza*

American favourites – *pratos americanos favoritos*

Barbecued spare ribs – *costelas de carne ou porco grelhadas, cobertas com molho*
Beefburger – *hambúrguer*
Buffalo Wings – *asas de frango cozido em molho picante*
Cheese burger – *cheeseburger*
Chili beans – *feijão em molho picante de chili*
Corn on the cob – *espiga de milho*
Corndog – *salsicha enrolada em massa de milho e frita*
Cotton candy (candy floss) – *algodão doce*
Doughnut – *rosquinha*
Fried Chicken – *frango frito*
Gumbo – *guisado de carnes ou frutos do mar tradicionalmente servido sobre arroz (prato típico em Louisiana)*
Hot dog – *cachorro-quente*
Hush puppies – *bolinhos fritos de milho*
Pancakes – *panquecas*
Peanut Butter – *creme de amendoim*
Submarine Sandwich/Italian Sandwich – *sanduíche de pão francês/italiano (o recheio pode incluir carnes, queijos, vegetais, temperos e molhos)*
Waffle – *waffle caseira (bolo de massa líquida, assada em forma elétrica, à base de leite, ovos, farinha de trigo e fermento). No estilo americano pode ser comido puro ou com mel, manteiga, geleia, açúcar e canela*

American Bread – *pães americanos*

White – *pão branco*
Whole wheat (brown) – *pão integral*
Rye – *pão de centeio*
Sourdough – *tipo de pão com fermento vivo*
Baguete (French bread) – *baguete*
Panettone – *panetone*
Flatbread – *pão árabe*
Corn Bread – *pão de milho (salgado)*

Street Food – *comida de rua*

Pretzels – *pretzels (pão doce judaico)*
Hot dog – *cachorro-quente*
Pizza – *pizza*
Pop corn – *pipoca*
Roasted chestnut – *castanha tostada*
Peanuts – *amendoim*
Potato chips – *batata frita*
Crackerjacks (sweet popcorn) – *pipoca doce*

Cooking: ways of preparing – *cozinhar: modos de preparo*

To bake – *assar (pão ou bolo no forno)*
To barbecue – *grelhar a carne no fogo, no carvão ou à lenha (a carne normalmente está temperada com molhos especiais)*
To boil – *ferver*
To cook – *cozinhar*
To cook in a bain-marie/To give a bain-marie (water bath) – *cozinhar em banho-maria*
To fry – *fritar*
To deep-fry – *fritar imerso em óleo*
To grill – *grelhar*
To microwave – *cozinhar no forno de micro-ondas*
To poach – *escalfar*
To pressure cook – *cozinhar em panela de pressão*
To roast – *assar*
To sauté – *fritar levemente na manteiga ou gordura*
To smoke – *defumar*
To steam – *cozinhar no vapor*
To stir-fry – *fritar rapidamente em óleo bem quente*
To toast – *torrar*

4.7 Ordering a coffee – *Pedir um café* (21)

- Can I have an expresso?
  Um expresso, por favor?

- A cup of strong black coffee, no sugar, please.
  Uma xícara de café puro e forte, sem açúcar, por favor.

- Give me a cup of Joe.
  Uma xícara de café.

- Can I have a cappuccino?
  Um cappuccino, por favor?

- I'll have a large mocha.
  Quero um café moca grande.

- Café au lait, please.
  Um café com leite, por favor.

Different Roasts – *Seleções de café*

Hawaiian – *café do Havaí*
Costa Rican – *café da Costa Rica*
Columbian – *café da Colômbia*
Kenyan – *café do Quênia*
Brazilian – *café do Brasil*
Ethiopian – *café da Etiópia*

4.8 Ordering a takeaway/takeout – *Pedir comida para viagem* (22)

- I'd like a chou mein with four spring rolls, fried rice and sweet and sour sauce.
  Quero um yakisoba com quatro rolinhos primavera, arroz e molho agridoce.

- I'll have a pizza – half mozzarella and half napolitano.
  Vou querer uma pizza: meia mussarela, meia napolitana.

- Two fish (cod) and chips with plenty of salt and vinegar.
  Duas porções de peixe (bacalhau) e batatas fritas com bastante sal e vinagre.

- I'll have an order of pork ribs, cole slaw, and corn bread, please.
  Vou querer costelas de porco, uma salada de repolho cru com molho e pão de milho, por favor.

4.9 Room service – *Serviço de quarto* (23)

- Could you bring me a bottle of Champagne on ice, and your best caviar?
  Você poderia me trazer uma garrafa de Champanhe no balde de gelo e o seu melhor caviar?

- Is the kitchen still open? Right then, I'd like a toasted cheese sandwich (no Reino Unido)/a grilled cheese sandwich (nos Estados Unidos) and an apple juice.
  A cozinha ainda está servindo? Certo, então eu vou querer um queijo quente e um suco de maçã.

5 Reservations – *Reservas*

Quando viajamos, para ficar num lugar ou outro, precisamos reservar hotéis e carros, talvez ainda seja necessário reservar com antecedência tudo o que utilizaremos. Uma vez lá, podemos reservar uma mesa em um restaurante, entre outros serviços e passeios. A proposta deste capítulo é facilitar a comunicação para evitar futuras confusões.

5.1 Booking a hotel room – *Reservar um hotel* (24)

- I'd like a double suite for 2 nights.
  Eu quero uma suíte dupla para duas noites.

- I'd like to reserve a room for 2 for the 14th June.
  Gostaria de reservar um quarto para duas pessoas para o dia 14 de junho.

- Could you reserve the Waldorf Suite for me, please?
  Você poderia reservar a suíte Waldorf para mim, por favor?

- Could I have a room with a view, please?
  Eu gostaria de um quarto com uma vista, por favor?

5.2 Making a reservation for a hire car/ to rent a car (Estados Unidos) – *Fazer uma reserva de carro alugado* (25)

- I would like to rent a 4-door sedan for a week.
  Eu quero alugar um carro sedan para uma semana.

- Do you have an all-in price/a promotional rate (nos Estados Unidos)?
  Há um pacote com tudo incluído?

- How much is the mileage surcharge?
  Por quanto sai a quilometragem?

5.3 Reserving a table in a restaurant – *Fazer uma reserva no restaurante* (26)

- I'd like a table for six at 8 o'clock on Friday.
  Eu quero uma mesa para seis, às 20 horas, na sexta-feira.

- Do you have a quiet table for two, tonight?
  Você tem uma mesa tranquila para duas pessoas, essa noite?

- I'd like to reserve a table for eight.
  Eu gostaria de reservar uma mesa para oito pessoas.

- I'd like to reserve a table for 8 o'clock.
  Eu gostaria de reservar uma mesa para às 20h.

- Could I have a table outside, please?
  Posso ter uma mesa na parte de fora, por favor?

- Would it be possible to reserve a table for a party of five?
  Seria possível reservar uma mesa para cinco pessoas?

5.4 Paying in the restaurant – *Efetuar o pagamento no restaurante* (27)

- Do you take American Express?
  Você aceita American Express?

- Could we have the bill? (no Reino Unido)
  Podemos fechar a conta?

- Bring me the check, please. (nos Estados Unidos)
  Traga-me a conta, por favor.

- I'll pay the tab.
  Deixe que eu pago.

- What's the damage?
  Qual é o prejuízo?

- How much does it come to?
  Quanto deu a conta?

- Do you wanna (want to) split the tab? (nos Estados Unidos)
  Você quer dividir a conta?

- Shall we go halves? (no Reino Unido)
  Que tal dividir a conta?

5.5 Inviting for meals and/or drinks – *Convidar alguém para almoçar, jantar ou tomar um drinque* (28)

- I'll buy you lunch. (nos Estados Unidos)
  Convido-o para almoçar.

- Let's go for a bite to eat.
  Vamos sair para beliscar algo.

- Would you like to have lunch with me?
  Quer almoçar comigo?

- Can I invite you to lunch?
  Posso te convidar para almoçar comigo?

- Have you eaten yet?
  Você já comeu?

- You feeling peckish? (no Reino Unido)
  Você está com vontade de comer?

- Are you hungry?
  Você está com fome?

6 Giving, lending and sheer taking – *Compartilhando objetos e informações*

Quando o assunto é relacionamentos, precisamos de algumas habilidades para interagir com o próximo. Seja no trabalho ou entre amigos, aprender a dar, receber, emprestar e tomar coisas emprestadas é fundamental. Aquela ajudinha pra cá e pra lá, oferecer os préstimos verdadeiros e até opiniões não solicitadas, fazem toda a diferença. A seguir, apresentamos algumas frases essenciais para ajudar nesse contato linguístico mais íntimo.

6.1.1 Giving presents – *Dar presentes* (29)

- I bought this for you, I hope you like it!
  Comprei isso para você, espero que goste!

- I got you this. I hope you really like it!
  Trouxe isso pra você. Espero que você realmente goste!

- This is just a little token of our appreciation.
  Isso é apenas uma pequena amostra de nosso apreço.

- Here, this is for you.
  Toma! É para você.

- Happy birthday!
  Feliz aniversário!

- Merry Christmas!
  Feliz Natal!

- It's just a small gift.
  É só uma lembrança.

6.1.2 Receiving a gift – *Receber um presente* (30)

- Oh, how kind!
  Que simpático! (Que gentil!)

- You shouldn't have!
  Você não deveria!

- Thank you very much!
  Muito obrigado!

- That was very nice of you!
  Que simpático da sua parte!

- How lovely!
  Que lindo! (Que encantador!)

- Oh, that's so sweet of you!
  Foi muito gentil da sua parte!

- Really, it wasn't necessary.
  De verdade, não precisava.

6.2 Borrowing something – *Tomar algo emprestado* (31)

- Excuse me, could I borrow a pen for a moment?
  Com licença, pode me emprestar uma caneta por um segundo?

- I wonder if you could lend me some money.
  Estava pensando se você poderia me emprestar algum dinheiro.

- Dad, could I borrow the car?
  Posso usar o carro, pai?

- Lend me a fiver till tomorrow, eh?
  Me empresta cinco reais até amanhã?

- I'm sorry to bother you, but you haven't got a corkscrew you could lend me by any chance, have you?
  Desculpa te incomodar, mas por acaso você tem um saca-rolha para me emprestar?

- I've come around to see if you could spare me a cup of sugar.
  Estou passando aqui para ver se você tem uma xícara de açúcar para me emprestar.

- Have you got a couple of quid you could lend us? (No Reino Unido, "us" às vezes pode ser substituído por "me")
  Tem uns trocados para me emprestar?

- Could you lend me ten bucks? I'll pay you back.
  Você tem dez paus para me emprestar? Eu pago você depois.

6.3 Lending things – *Emprestar as coisas* (32)

- Okay, I'll lend it to you but I want it back by tomorrow.
  Tudo bem, eu te empresto, mas quero de volta até amanhã.

- I'll let you borrow it, but I want it back!
  Eu deixo você pegar, mas eu quero ele de volta!

- Here you are, but take good care of it.
  Aqui, toma, mas cuide bem dele.

- You can borrow it. Just take care of it.
  Pode pegar emprestado. Cuide bem dele.

- I could lend you some cash if you're broke.
  Posso te emprestar algum dinheiro se você estiver duro.

- Do you want to borrow my drill?
  Você quer emprestada a minha furadeira?

6.4 Not lending something – *Não emprestar algo* (33)

- I am sorry. I'm using it at the present/I'm sorry. I'm using it right now.
  Sinto muito, mas estou utilizando neste momento.

- I'm so sorry. I am broke.
  Sinto muito, mas estou duro.

- I would lend it to you, but it's not working.
  Gostaria de te emprestar, mas não funciona.

- I would lend you my car, but it's in the shop. (garage – Reino Unido mechanical problems)
  Eu até emprestaria meu carro, mas está na oficina.

6.5 Taking without asking – *Tomar liberdades com coisas alheias* (34)

- Who took my stapler?
  Quem pegou o meu grampeador?

- I borrowed your camera while you were out. I hope you don't mind.
  Usei sua câmera fotográfica enquanto você estava fora. Espero que não se importe.

- I took the liberty of using your car.
  Tomei a liberdade de usar seu carro.

6.6 Sheer cheek/Taking someone for granted – *Grande cara-de-pau/Dar por certo o favor* (35)

- I put this whisky on your account.
  Eu coloquei este uísque na sua conta.

- Give me the keys to your car.
  Dê-me as chaves do seu carro.

- Can I use your beach house?
  Posso usar sua casa de praia?

- I put it on your bill. I was sure you wouldn't mind.
  Coloquei na sua conta. Tinha certeza de que você não se importaria.

- I forgot my wallet again. Could you pay this one for me?
  Esqueci a minha carteira de novo. Você pode cobrir a conta para mim?

6.7 Asking for permission – *Pedir permissão* (36)

- Can I go to the beach with my friends?
  Posso ir para a praia com os meus amigos?

- May I leave early tonight? I have a dental appointment.
  Posso sair mais cedo hoje? Tenho uma consulta com o dentista.

- I wondered if you'd let me invite a friend to dinner.
  Eu estava pensando se você me deixaria convidar um amigo para o jantar.

- Could I ask you for a favor?
  Posso te pedir um favor?

6.8.1 Giving permission – *Dar ou negar permissão* (37)

- You may.
  Pode.

- I give my permission.
  Dou a minha permissão.

- Oh, alright!
  Tudo bem!

- I'll let you go.
  Eu deixo você ir.

- Sure thing!
  Sem problema.

- You bet!
  É claro!

- Any time!
  Quando quiser!

6.8.2 Not giving permission – *Não conceder permissão* (38)

- I am sorry. Maybe next time.
  Lamento muito, talvez na próxima vez.

- No way!
  Sem chance!

- No, I can't allow you to do that.
  Não, eu não posso deixar você fazer isso.

- Uh, not at the moment!
  Agora não!

6.9 Asking for favours (no Reino Unido)/ Favors (nos Estados Unidos) – *Pedir favores* (39)

- I need a favour from you.
  Preciso de um favor seu.

- I wonder if you could do me a favour.
  Será que você pode me fazer um favor?

- I really need some help on this one.
  Eu realmente preciso de ajuda com isto.

- Could you give me a hand?
  Você pode me dar uma mão?

- I was wondering if you could do something for me?
  Eu estava pensando se você pode fazer algo para mim?

- Can I ask you a favour?
  Posso te pedir um favor?

- Would you mind going to the store (Estados Unidos)/shop (Reino Unido) for me?
  Você se importaria em fazer uma compra para mim?

- Could I ask you for a favor/favour?
  Posso te pedir um favor?

Useful verbs – *Verbos úteis*

Wonder (wondered, wondering) – *perguntar-se*
Think (thought, thinking) – *pensar*
Consider (considered, considering) – *considerar*
Ponder (pondered, pondering) – *ponderar*
Contemplate (contemplated, contemplating) – *contemplar*

7 Excuses and apologizing – *Desculpas e lamentações*

Mesmo com as melhores intenções do mundo, nem sempre dá para chegar no lugar certo no momento certo. E, quando isso acontece, desculpar-se pelo atraso, além de ser uma responsabilidade, é também uma gentileza com quem estava esperando você chegar. Uma boa desculpa pode salvar um encontro importante ou apaziguar o namorado ou namorada, que minutos antes queria te xingar por ter tomado um chá de cadeira. Aprenda as seguintes frases e vá em frente!

7.1 Apologizing for being late – *Pedir desculpas por atrasos* (40)

- I'm ever so sorry, I got caught in the traffic.
  Peço perdão, fiquei preso no trânsito.

- Sorry I'm late. The train was late.
  Desculpe-me pelo atraso, o trem chegou tarde.

- I do apologize for being late, couldn't get away from the meeting.
  Peço perdão pelo atraso, não consegui me livrar da reunião.

- I do hope I didn't keep you waiting.
  Espero não tê-lo deixado esperando.

- Sorry I got held up (in traffic/at work).
  Desculpe, eu me atrasei (por causa do trânsito/do trabalho)

- I am sorry. I overslept.
  Lamento muito, não acordei (perdi a hora).

- Sorry. My alarm clock didn't go off.
  Lamento muito, o despertador não tocou.

7.2 Accidents – Acidentes (41)

- Oops, sorry!
  Ops, foi mal!

- Sorry, how clumsy of me!
  Desculpe-me, que desajeitado!

- I'm so sorry!
  Mil desculpas!

7.3 Apologizing for not catching someone's name – *Pedir desculpas por não lembrar ou ouvir o nome de alguém* (42)

- I beg your pardon, what is your name again?
  Desculpe-me, qual é o seu nome mesmo?

- I'm sorry, I didn't catch your name.
  Desculpe-me, não entendi seu nome.

- What did you say your name was?
  Você pode repetir o seu nome?

7.4 When things don't turn out right – *Quando as coisas não saem da forma esperada* (43)

- That wasn't quite right.
  Isso não deu muito certo.

- That wasn't supposed to happen.
  Não era para acontecer.

- It went wrong.
  Deu errado.

- I didn’t mean for that to happen.
  Não era a minha intenção.

- Oops, that’s not right!
  Opa, foi mal!

- That isn’t exactly quite what I intended.
  Não era exatamente a minha intenção.

- How strange!
  Que estranho!

- That didn't turn out as expected.
  Isso não saiu da forma esperada.

- That wasn't meant to happen.
  Isso não era para acontecer.

- Wrong again.
  Errou de novo/Errei de novo.

- It wasn’t supposed to be that way.
  Não era para ser assim.

7.5 Making excuses – *Inventando desculpas* (44)

- I can't go out tonight, I’m washing my hair.
  Não posso sair essa noite, preciso lavar a cabeça.

- I'd love to come but, unfortunately, I've got rather a lot of work to do.
  Adoraria ir, mas infelizmente eu tenho bastante trabalho a fazer.

- I didn't realize that today was your birthday, sorry!
  Não me dei conta de que hoje era seu aniversário, desculpe-me!

- I am so sorry. I didn't mean to hurt your feelings.
  Lamento muito, não quis te magoar.

- Sorry. Didn't mean to let you down.
  Lamento muito, não quis te decepcionar.

- Sorry. I didn't mean to step on your toes.
  Desculpe-me, foi sem querer. Não vi o seu pé.

8 Accepting and declining – *Aceitar e recusar*

Neste mundo, precisamos fazer escolhas (muitas escolhas mesmo!). Quando alguém pergunta ou oferece algo para nós, temos que aceitar ou recusar. No máximo, podemos adiar a decisão por algum tempo. De toda forma, a resposta, como sempre, precisa ficar na ponta da língua.

8.1 Accepting – *Aceitar* (45)

- Who's going to do the washing up? Okay, I'll do it.
  Quem vai lavar a louça? Tá bom, eu faço isso.

- Come on! Come out for a drink. Alright, if you insist.
  Venha! Vamos tomar algo. Tá bom, se insiste.

- Could you help me push my car? Okay but just this once!
  Pode me ajudar a empurrar o carro? Tá bom, mas só essa vez!

8.2 Accepting an offer – *Aceitar uma oferta* (46)

- I'm offering you the job. Thank you very much.
  O emprego é seu. Muito obrigado.

- I could give you a lift home, if you'd like. That's very kind of you.
  Posso te dar uma carona se quiser. É muito gentil de sua parte.

- Would you like to go out to dinner tonight? I would love to.
  Você gostaria de sair para jantar esta noite? Eu adoraria.

- Another glass of wine? Yes, please.
  Mais um copo de vinho? Sim, por favor.

- Let me open the door for you. How kind!
  Deixe que eu abra a porta para você. Que gentil!

- Would you like me to open that for you? Oh! Yes, please!
  Quer que eu abra para você? Sim, por favor!

- How about a drink after work? That sounds like a great idea.
  Que tal um drinque no final do expediente? Que boa ideia!

8.3 Rejecting an offer – *Rejeitar uma sugestão* (47)

- I'll pay for you to go. That's very generous of you, but I'm afraid I can't accept.
  Eu pago para você ir. É muito generoso da sua parte, mas não posso aceitar.

I'm afraid I couldn't possibly accept!

- I've got tickets for the game, if you'd like to go. I would love to but unfortunately I have to go to a meeting.
  Eu tenho entradas para o jogo, se você quiser ir. Adoraria, mas infelizmente eu tenho que ir a uma reunião.

- Would you like another drink? No, thank you!
  Quer mais uma cerveja/um drinque? Não, obrigado!

- Let me offer you a personal loan. I'm afraid I couldn't possibly accept.
  Permita que eu te ofereça um empréstimo pessoal. Obrigado, mas não posso aceitar.

- We are prepared to offer two dollars a share. I'm afraid that would not be acceptable to our company.
  Estamos dispostos a oferecer dois dólares por ação. Temo que isso não seria aceitável para nossa empresa.

- Here, just one more chocolate. I don't want any more, thank you very much!
  Toma, só mais um chocolate. Não quero mais, muito obrigado.

8.4 Making suggestions and offers – *Fazer sugestões e ofertas* (48)

- How about a drink after work?
  Que tal uma bebida após o trabalho?

- I can give you lift if you like.
  Posso te dar uma carona se quiser.

- Let me buy you a drink.
  Deixe-me te pagar um drinque.

- How about coming to work for us?
  Que tal trabalhar conosco?

- I could lend you some money, if that helps.
  Poderia te emprestar uma grana, se ajudar.

- Let's go for a happy hour after work. What do you say?
  Vamos fazer um happy hour depois do expediente. O que você acha?

8.5 Non-committal delaying tactics – *Táticas para deixar rolar* (49)

- Maybe.
  Talvez.

- I might.
  Talvez/Pode ser.

- Let me think about it.
  Deixe-me pensar no assunto.

- Let me sleep on it.
  Deixe-me pensar até amanhã.

- I'll let you know tomorrow.
  Falo com você amanhã.

- I'll have to see.
  Vou ver.

- I'll tell you later.
  Falo com você mais tarde.

- Can I think about it?
  Posso pensar sobre isso?

8.6 Putting things off – *Deixando para outro dia* (50)

- Let's do this later.
  Vamos fazer isso mais tarde.

- I'll do it tomorrow.
  Eu faço isso amanhã.

- It can wait.
  Isso pode esperar.

- Let's postpone the meeting until next week.
  Vamos adiar a reunião para a semana que vem.

- I can't be bothered to do that just now.
  Não tenho vontade (saco) de fazê-lo agora.

- I'll get back to you later on it.
  Darei um retorno sobre isto mais tarde.

- I'll take care of it tomorrow.
  Vou tratar disso amanhã.

- I can't deal with this now.
  Não posso tratar disso agora.

- I won't worry about this now.
  Não vou me preocupar com isso agora.

- Let's put it off until tomorrow.
  Vamos deixar isso para amanhã.

- Let's take a break.
  Vamos fazer uma pausa.

- Let's work on this tomorrow.
  Vamos trabalhar nisso amanhã.

9 Suggestions and advice – *Sugestões e conselhos*

Às vezes, precisamos de uma posição mais decisiva, isso é, devemos tomar a iniciativa e sugerir ações ou apresentar opções e ideias. Em outros momentos, a situação pode precisar de uma definição de objetivos ou simplesmente do benefício de nossa experiência – talvez um toque ou conselho bem colocado. Seja como for, a linguagem apresentada aqui será útil na hora H.

9.1 Making suggestions – *Fazer sugestões* (51)

- Let's go to the cinema tonight.
  Vamos ao cinema esta noite.

- It might be a good idea to get a second opinion.
  Pode ser uma boa ideia ter uma segunda opinião.

It might be a good ideia to get a second opinion.

- How about trying again?
  Que tal tentar de novo?

- Why don't we get a Chinese take-away (no Reino Unido)/take-out (nos Estados Unidos)?
  Por que não pedimos comida chinesa para viagem?

- Have you ever thought of trying the other company?
  Já pensou em contatar a outra empresa?

9.2 Stating your needs – *Declarar suas necessidades* (52)

- I need to find a shop/a store where I can buy some bread.
  Preciso encontrar uma loja onde possa comprar um pão.

- I need to get some sleep.
  Preciso dormir um pouco.

- I need to tell you something important.
  Preciso te falar algo importante.

- I need a long holiday.
  Preciso de umas férias longas.

- We need a convincing victory.
  Precisamos de uma vitória convincente.

- What I really need is...
  O que realmente preciso é...

- I would really appreciate your help.
  Eu realmente apreciaria a sua ajuda.

- I would appreciate your support at this time.
  Eu gostaria de contar com o seu apoio nesse momento.

9.3 Aims and Objectives – *Metas e objetivos* (53)

- Our objective is to build a strong brand image in the minds of the public.
  Nosso objetivo é construir uma marca forte na cabeça do público.

- We aim to be among the top three companies in the area by the end of the decade.
  Visamos ficar entre as três primeiras empresas do segmento até o final da década.

- The aim of the project is to stimulate education in the poorer areas of the city.
  O projeto visa estimular a educação nas regiões mais pobres da cidade.

- The whole idea behind the initiative is to make the resource more widely known to the general public.
  Toda a ideia por trás da iniciativa é de fazer o recurso mais conhecido para o público em geral.

- Our aim is to provide our customers with the best possible service.
  Nossa meta é fornecer a nossos clientes o melhor serviço possível.

- To each and every customer, our personal best.
  Para cada um de nossos clientes, damos o melhor de nós.

9.4 Giving opinions – *Dar opiniões* (54)

- In my view, we ought to/should...
  Na minha visão, devemos...

- In my opinion, what needs to be done is...
  Na minha opinião, o que precisa ser feito é...

- What we need is...
  O que precisamos é...

- As I see it, the important thing is to...
  Como eu vejo, o importante é...

- If you ask me, I think it's the clutch!
  Se quer a minha opinião, eu acho que o problema está na embreagem!

- In my humble opinion...
  Na minha humilde opinião...

- I should say that the company needs to..
  Eu diria que a empresa precisa de...

9.5 Asking for opinions – *Pedir opiniões* (55)

- What do you think?
  O que você acha?

- How do you see it?
  Como você vê isso?

- Do you think it's okay?
  Você acha que está tudo bem?

- What about if we did the following:...?
  Que tal se fizermos o seguinte:...?

- What do you think the problem with the car is?
  Na sua opinião, qual é o problema com o carro?

- Why do you think it won't start?
  Por que você acha que não vai pegar?

- Do you have any idea what it could be?
  Você tem alguma ideia do que possa ser?

- It couldn't be the clutch, could it?
  Não seria a embreagem, seria?

- What do you think could be wrong?
  O que você acha que poderia estar errado?

- You don´t think its the clutch, do you?
  Você não acha que é a embreagem, não é?

9.6 Opinions about what other people want/should do – *Opiniões sobre o que outras pessoas querem ou devem fazer* (56)

- He needs to mind his own business.
  Ele precisa cuidar de sua própria vida.

- They need the documents by Friday.
  Eles precisam dos documentos até sexta-feira.

- She needs to find a new boyfriend.
  Ela precisa encontrar um novo namorado.

- You should get a new car.
  Você precisa comprar um carro novo.

- You need to get you car looked at.
  Você precisa que vigiem o seu carro.

- You need to get your car seen to.
  Você precisa que o seu carro seja vigiado.

- Well, if I were her, I wouldn't do that.
  Se eu fosse ela, não faria aquilo.

- You should listen to your mother.
  Você deveria ouvir a sua mãe.

- You shouldn't do that.
  Você não deveria fazer aquilo.

- That's not right. Don't do that!
  Isso não está certo. Não faça isso!

- Listen to me. You need to do the following:...
  Escute. Você precisa fazer o seguinte:...

- Don't do that. I know what I am talking about.
  Não faça isto. Sei o que estou falando.

10 The car – *O carro*

Carros são bons quando funcionam bem. Nesse caso, pouco precisamos falar sobre eles. Mesmo no posto de gasolina, não há ninguém para encher o tanque nem fazer uma checagem no óleo – tudo já perdeu o toque humano e tornou-se *self-service* (fora do Brasil). Mas quando as coisas não correm tão bem, podemos encontrar contratempos com os veículos. Então, saber o nome daquelas partes todas que existem no carro pode se provar uma valiosa ferramenta no conserto das partes mecânicas.

10.1 Car breakdowns – *Carro enguiçado* (57)

- I think you've got a flat.
  Acho que furou o pneu.

- The battery must be flat.
  Deve ter acabado a bateria.

- Is there any fuel in the tank?
  Há combustível no tanque?

- The engine is flooded.
  O motor afogou.

- It won't start.
  Não quer pegar.

- Your engine is overheating.
  Seu motor está superaquecido.

- The brakes are giving out.
  Os freios estão no último.

- You need to put water in the radiator.
  Precisa completar a água no radiador.

- It seems you have a problem with your injectors.
  Parece que há um problema com os seus injetores.

- Your battery is dead.
  Acabou a bateria.

- Your clutch is given out.
  Quebrou a embreagem.

- You are out of oil.
  Não tem óleo.

Vocabulary about cars – *Vocabulário sobre carros*

1st gear – *primeira marcha*
ABS (Anti-Blocking System) – *ABS*
Accelerator – *acelerador*
Air filter – *filtro de ar*
Airbag – *airbag*
Alternator – *alternador*
Brake – *freio*
brake cylinder – *cilindro do freio*
Carburettor – *carburador*
Clutch – *embreagem*
Disc brakes – *freio a disco*
Engine – *motor*
Ethanol – *álcool*
fan-belt – *correia*
gasket – *junta*
Gear box – *caixa de câmbio*
Hand brake – *freio de mão*
Headlights – *faróis*
Hub cap – *calota*
Indicators – *pisca-pisca*
Neutral – *neutro*
Petrol (no Reino Unido)/gas (nos Estados Unidos) – *gasolina (combustível)*
Piston (piston rings) – *pistão (anéis do pistão)*

Radiator – *radiador*
Reverse – *marcha ré*
Spare/ spare tire – *estepe/peças de reposição*
Spark plugs – *velas*
Steering wheel – *volante*
Suspension – *suspensão*
Tail lights – *luzes dianteiras*
Transmission – *transmissão*
Turbo-charged – *turbo*
Tyres (no Reino Unido)/tires (nos Estados Unidos) – *pneus*
Windscreen (no Reino Unido)/wind-shield (nos Estados Unidos) – *para-brisa*
Windscreen-wipers (no Reino Unido)/wind-shield-wipers (nos Estados Unidos) – *limpador de para-brisas*

11 Asserting yourself/Making your point – *Ser firme/Colocar a sua posição*

Você já teve um dia em que tudo deu errado por uma falta de firmeza sua? Pois é! Neste mundo, às vezes, é muito importante que não nos deixemos ser totalmente manipulados pelos outros. Saber quando dizer não, e ainda comunicar exatamente o que queremos ou não, é essencial. E não é sempre fácil. Há pessoas que não entendem uma resposta direta e outras são incapazes de dizê-la. Seja como for, saber algumas frases do gênero pode ser bem útil no momento de bater o pé e dar um basta em qualquer rumo mal direcionado.

11.1 Saying "no" – *Falar "não"* (58)

- No, thank you – I don't want to.
  Não, obrigado. Eu não quero.

- That is not what I want.
  Não é isso o que eu quero.

- Not today, thank you.
  Hoje não, obrigado.

Not today, thank you.

- I'm not interested.
  Eu não estou interessado.

- Forget it!
  Pode esquecer!

- Forget that!
  Esqueça!

- Forget about it. (nos Estados Unidos)
  Esqueça isso.

- What part of "no" don't you understand?
  Qual parte do "não" você não entendeu?

- I told you the answer was: NO!!!
  Eu disse que a minha resposta é NÃO!

11.2 Saying what you want – *Dizer o que você deseja/precisa* (59)

- What I really need from you is...
  O que preciso de você é...

- What I expect you to do is...
  O que eu espero que você faça é...

- What I expected was...
  O que eu esperava era...

- I was wondering if you could...
  Estava pensando se você poderia...

- What I would really like is...
  O que realmente gostaria é...

11.3 Complaining in a restaurant – *Queixar-se no restaurante* (60)

- I think you brought me the wrong order.
  Eu acho que você me trouxe o pedido errado.

- I think this is someone else's meal.
  Eu acho que este prato é de outra pessoa.

- I'm sorry but I didn't order this.
  Desculpe, mas não pedi isso.

- This is not what I asked for.
  Não foi isso o que pedi.

- Excuse me, I think you brought me this by mistake.
  Com licença, acho que você me trouxe isso por engano.

Excuse me, I think you brought me this by mistake

- Mine was the rump steak.
  Eu pedi contra-filé/alcatra. (depende do corte, tecnicamente "rump" pode ser um ou outro)

11.4 Agreeing – *Concordar* (61)

- I agree.
  Concordo.

- I agree with you.
  Concordo com você.

- You're right!
  Você tem razão!

- I couldn't agree more.
  Concordo completamente.

- Absolutely!
  Absolutamente!

- That's for sure.
  Isto é certo.

- I'll go along with that.
  Eu compro essa ideia.

- I'm 100% with you on that one. (also: You're preaching to the choir/ the converted.)
  Estou cem por cento com você nesse assunto.

- That's right.
  Está certo.

- Positively!
  Positivamente!

- Correct.
  Certo.

- You bet!
  Pode apostar!

11.5 Disagreeing – *Não concordar* (62)

- I don't agree.
  Não concordo.

- I don't agree with you.
  Não concordo com você.

- I don't agree at all.
  Não concordo em absoluto.

- No way!
  Sem chance!

- I can't go along with you on that.
  Não posso aceitar sua visão.

- I beg to differ.
  Prefiro ter minha própria opinião.

- I don't see it that way.
  Não entendo dessa maneira.

- I can't go for that.
  Eu não acho isso.

- That's just wrong.
  Está simplesmente errado. (Você está enganado.)

- What are you – stupid?
  Você é burro ou o quê?

- Wrong!
  Tá enganado!

- Yeah right!
  Até parece!

12 Gossip and chit chat – *Fofoca e conversa fiada*

Ninguém admite, mas a maioria de nós não resiste àquela fofoca básica. No mundo inteiro, ela é a moeda de troca cotidiana, nos bairros e no trabalho. E também há a mídia que vive do assunto. Então, já que é quase impossível não entrar no jogo, vamos arremessar a cautela pelos ares e aprender a reconhecer este recurso universal da comunicação.

She's not pregnant, is she?

12.1 Converse – *Conversar* (63)

- Did you hear that Julia is getting married?
  Você ouviu que a Julia vai se casar?

- Do you know what he said to her?
  Sabe o que ele falou pra ela?

- You'll never believe what happened after that.
  Você não vai acreditar no que aconteceu depois.

- They say she drives an old second-hand car.
  Dizem que ela dirige um carro velho de segunda mão.

- So what happened was...
  Aí, o que aconteceu foi que...

- And then, to beat it all, she...
  E aí, para piorar, ela...

- Have you read what he does at the weekends?
  Você leu o que ele faz aos finais de semana?

- Well, I always knew she was a bit strange.
  Pois é, sempre soube que ela era um pouco estranha.

- You are not going to believe it, but...
  Você não vai acreditar, mas...

- You won't believe what I just heard.
  Você não vai acreditar no que acabo de ouvir.

- I shouldn't be telling you this, but...
  Não deveria te falar nada, mas...

12.2 Keeping a secret – *Manter um segredo* (64)

- I can't tell you – it's a secret.
  Não posso falar; é um segredo!

- I swore I wouldn't tell.
  Jurei que não contaria.

- Don't ask me!
  Não me pergunte!

- I'm sworn to secrecy.
  Jurei guardar segredo.

- Don't tell anyone, but...
  Não fale para ninguém, mas...

- Keep your mouth shut on the matter.
  Não toque no assunto.

13 Talking about the weather – *Falar sobre o tempo (clima)* (65)

Falar do tempo pode parecer banal, mas é tão típico entre as pessoas do mundo anglo-saxão que seria difícil ignorar. De todas as formas, até com ironia, o "universo inglês" se queixa sobre o tempo e faz previsões. Está no sangue! Além do mais, o tópico é muito usado para quebrar o gelo em encontros inesperados, seja no ponto de ônibus, na hora do café, ou chá das cinco. Além disso, quem sabe você pode até ficar preparado para as mudanças no tempo e não ser pego de surpresa quando aquela chuva grossa chegar.

- It's a bit cold out today.
  Tá frio lá fora, hoje.
- It's feeling a bit nippy out.
  Tá frio lá fora.
- (It) Looks like we're in for a change in the weather.
  Parece que o tempo vai mudar.
- The rain's coming.
  A chuva está vindo.
- There will be outbreaks of showers with a few sunny spells.
  Haverá chuva rápida com períodos de sol.
- It's raining cats and dogs out there.
  Está chovendo "a torto e à direita".
- It's pretty damn windy outside.
  Puxa! Que vento lá fora!
- It's too hot and humid.
  Está muito quente e úmido!

It's raining cats anda dogs out there.

The weather – *O tempo* (66)

Rain – *chuva*
Showers – *aguaceiro*
Drizzle – *garoa*
Sleet – *chuva com neve (chuva congelada)*
Hail – *granizo*
Snow – *neve*
Blizzard (Snowstorm) – *nevasca*
Storm – *tempestade*
Thunder – *trovão*
Lightening – *relâmpago*
Foggy – *muita neblina*
Mist – *neblina*
Sunny – *ensolarado*
Windy – *ventoso*
Cloudy – *nublado*
Overcast – *encoberto*

Natural Disasters – *Desastres naturais* (67)

Avalanche – *avalanche*
Drought – *seca*
Earthquake – *terremoto*
Fire – *incêndio*
Flood – *enchente, inundação*
Heat wave – *onda de calor*
Hurricane – *furacão*
Landslide – *deslizamento de terra*
Tornado (Twister) – *tornado*
Tsunami/tidal wave – *tsunami*
Typhoon – *ciclone subtropical*
Volcanic eruption – *erupção vulcânica*

14 Talking about Football – *Falar de futebol* (68)

Futebol é o esporte mais praticado no mundo e, mesmo que tenha sido inventado pelos ingleses, a tradição de intimidade com a bola é definitivamente brasileira. Como o mundo conhece pouco a diversidade e a riqueza da cultura do Brasil, cada brasileiro que viaja para fora pode ser requerido a falar sobre o esporte. Então, para ficar mais eloquente como os embaixadores da sétima arte brasileira, preste atenção ao vocabulário essencial deste capítulo.

- Did you see the game last night?
  Você viu o jogo ontem à noite?

- That was definitely offside in my opinion!
  Foi impedimento claro, na minha opinião!

- I thought it was a clear penalty.
  Acho que foi claramente um pênalti.

- He missed an open goal.
  Ele perdeu um gol feito.

- He completely missed the ball.
  Ele furou de forma espetacular.

- The keeper made some brilliant saves.
  O goleiro fez umas defesas brilhantes.

- They can't pass a ball to save their lives.
  Não conseguem passar a bola nem um pro outro.

- The ball hit the bar.
  A bola bateu na trave.

- He dived!
  Ele se jogou!

- There was a lot of shirt pulling.
  Havia muitos jogadores agarrando e puxando a camisa dos outros.

- He was waiting in the area.
  Ele estava esperando na área.

- The midfield was nowhere.
  Não tinha meio de campo.

- They played a 4-4-2 combination.
  Jogaram de 4-4-2.

- He plays on the left wing.
  Ele joga na ponta (ala) esquerda.

- The free kick was on the edge of the box.
  O tiro livre foi quase na linha da área.

- It was outside the penalty area.
  Foi fora da área.

- He came off at half-time.
  Ele foi substituído durante o intervalo.

- He got sent off.
  Ele foi expulso.

- What time's the kick off?
  Que horas começa o jogo?

Football – *Futebol*

Corner – *escanteio*
Foul – *falta*
Free-kick – *tiro livre*
Goal-kick – *tiro de meta*
Throw in – *reposição de bola*
Bicycle – *bicicleta*

Chip – *chapéu*
Cross – *cruzamento*
Draw, equalizer – *empate*
Extra time – *prorrogação*
Football boots – *chuteiras*
Full time – *fim do jogo*
Half time – *intervalo*
Hanger on – *reserva*
Home and away cup ties – *mata-mata*
Injury time – *acréscimos*
Nice shot – *belo chute*
Offside – *impedimento/impedido*
One-two – *tabela*
Pathetic Goalkeeper (makes ridiculous mistakes) – *frangueiro*
Penalties – *decisão de pênaltis*
Quarter circle – *meia-lua*
Red card – *cartão vermelho*
Right in the corner – *na gaveta*
Step overs – *pedalada*
Tackle – *desarme*
The centre circle – *círculo central*
The fans – *torcida*
The linesman (men) – *bandeirinha*
The penalty area (no Reino Unido)/penalty box (nos Estados Unidos) – *grande área/área de pênalti*
The referee (ref) – *árbitro*
The score – *resultado (parcial)*
Thrash – *dar uma surra/dar um pau (no outro time)*
To dribble – *driblar*
To foul – *cometer uma falta*
To pass – *fazer o passe*
To shoot – *chutar*
Trap the ball – *matar a bola*
Yellow card – *cartão amarelo*
Man on – *ladrão*
Nutmeg – *frango*
The final score – *placar final*

Positions

Goalkeeper – *goleiro*
Back (defender) – *zagueiro*
Midfielder – *meio-campista*
Attacking midfield player – *volante*
Wing (right/left) – *ala, ponta* (*direta/ esquerda*)
Forward – *atacante*
Centre-forward – *centro-avante* (*número 9*)

15 Personal presentation – *Apresentação pessoal*

Ter uma boa aparência, criar um look próprio ou dar relevância aos seus melhores atributos faz parte da sua apresentação. De vestuário à cabelos e até piercings, neste capítulo encontra-se todo o vocabulário que você pode precisar para se ajeitar melhor.

15.1 Talking about hair – *Falar sobre cabelo* (69)

- I'm having a bad hair day.
  Hoje o meu cabelo não tem jeito.

- I like what you have done with your hair.
  Gostei do seu cabelo.

- Hey! I really like your new hairdo!
  Realmente gostei do seu novo penteado.

- Where did you get the haircut? It looks great!
  Onde você fez seu cabelo? Ficou ótimo!

- Wow! I like what you did with your hair.
  Puxa! Gosto de como você deixou seu cabelo.

Wow! I like what you did with your hair.

- I think you look younger with longer hair.
  Cabelo comprido te deixa mais jovem.

Complaining about hair – *Reclamar do cabelo* (70)

- Did you see her hair? It looks like a bird died on her head.
  Você viu o cabelo dela? Parece que tem um pássaro morto em sua cabeça.

- I absolutely hate my hair.
  Odeio os meus cabelos.

- I can't do a thing with my hair.
  Não consigo fazer nada com o meu cabelo.

- That haircut does not look good on you.
  Este corte não fica bem em você.

- You ruined my hair!
  Você acabou com o meu cabelo!

- You trimmed too much in the back!
  Você tirou demais atrás!

- Well, at least it can grow back!
  Pois é, pelo menos vai crescer!

Hair care – *Cuidado com os cabelos* (71)

- To colour dye hair.
  Pintar os cabelos.

- To curl with a curling tong/a curling iron.
  Fazer cachos com o babyliss.

- To have/get a haircut.
  Cortar o cabelo.

- To get a trim./Trim the fringe.
  Tirar as pontas./ Aparar a franja.

- To have one's hair permed.
  Fazer permanente nos cabelos.

- To retouch the roots.
  Retocar as raízes.

- To straighten (one's) hair.
  Fazer escova.

Getting a haircut or your hair styled – *Pedir um corte de acordo com o seu estilo* (72)

- Can I have a trim?
  Posso tirar as pontas?

- I'd like a crew cut.
  Quero um corte com máquina 2.

- I'd like a perm.
  Quero fazer um permanente.

- Trim a little around the bangs.
  Apare um pouco a franja.

- Cut 2 inches off the back, please.
  Cortar 5 cm da parte de trás, por favor.

Hair types – *Tipos de cabelo (ou falta dele)*

Bald – *careca*
Receding – *com entradas*
Bleached – *loira de farmácia*
Dry – *cabelos secos*

Dyed – *cabelos pintados*
Fine – *cabelos finos*
Greasy – *cabelos oleosos*
Normal – *cabelos normais*
Thick – *cabelos volumosos*

Hair acessories – *Acessórios de cabelo*

A wig – *uma peruca*
Hair extensions – *aplique*
A toupee – *peruca*

Hair Colours – *Cor dos cabelos*

Black/dark hair – *cabelos escuros/negros*
Blond/a blond – *cabelos loiros/uma loira*
Brown/a brunette – *cabelos castanhos/uma morena*
Red/a redhead – *cabelos ruivos/uma ruiva*
Grey (no Reino Unido)/gray (nos Estados Unidos) – *cabelos brancos/grisalhos*

Hair texture – *Textura do cabelo*

Straight hair – *cabelos lisos*
Wavy hair – *cabelos ondulados*
Curly hair – *cabelos cacheados*
Kinky hair/nappy hair/frizzy hair – *cabelo crespo/cabelo frisado/cabelo "pixaim"*

Hair length – *Comprimento dos cabelos*

Long – *cabelos compridos/cabelão*
Short – *cabelos curtos*
Shoulder length – *cabelos na altura dos ombros*

Hair style – *Estilo de cabelo*

Beehive – *um "beehive" (penteado colmeia)*
Braided – *trança*
Bun – *coque*
Bunches – *cachos*
Cornrows – *rastafári*
Extensions – *apliques*
Plats – *tranças*
Dreadlocks – *dread*
Fringe – *franja*
Mohawk – *moicano*
Ponytail – *rabo de cavalo*
Short crop – *máquina 3*
Shaved head – *cabeça raspada*

15.2 Talking about clothes – *Falar sobre roupas* (73)

- I don't know how she has the courage to wear that!
  Não sei como ela tem coragem de vestir aquilo!

I don't know how she has the courage to wear that!

- I thought her skirt was nice.
  Gostei da saia dela.

- She wears quite classic clothes.
  Ela se veste de forma clássica.

- You look better in black.
  Você fica melhor de preto.

- Black is always a safe bet.
  Preto é sempre uma aposta certa.

- I thought this dress made her look fat.
  Achei que este vestido a deixou gorda.

- She was wearing 6 inch high-heels.
  Estava usando um salto alto de 15 cm.

- Her mini-skirt is too short you can see her panties.
  A minissaia dela é curta demais.

- His pants are too loose. You can practically see his underwear.
  As calças dele estão muito baixas. Praticamente dá pra ver a cueca.

- It fits you.
  Cabe em você./Fica bem em você.

- That outfit makes you look twenty years younger.
  Aquele roupa deixa você vinte anos mais jovem.

- Do you have this in a bigger size?
  Você tem essa num tamanho maior?

- This is too tight.
  Isso está apertado demais.

- It looks too long.
  Está comprido demais.

- It's too big.
  É grande demais.

- This looks big, but it actually fits me.
  Parece grande, mas na verdade cabe em mim.

Verbs and phrasal verbs about clothing –
Verbos e locuções verbais sobre roupas

To clothe – *vestir*
To combine – *combinar*
To match – *combinar*
To button – *abotoar*
To dress/undress – *vestir-se/despir-se (tirar a roupa)*
To get dressed/undressed – *vestir-se/despir-se (tirar a roupa)*
To fasten/unfasten – *prender, fechar/soltar, desabotoar*
To hang up – *pendurar, colocar no cabide*
To tie – *atar*
To wear – *usar*
To zip/unzip – *fechar/abrir o zíper*
To do up – *abotoar/fechar*
To have on – *estar usando*
To kick off – *livrar-se dos sapatos*
To put on – *colocar a roupa*
To slip on/off – *colocar/tirar de forma rápida*
To take off – *tirar a roupa*
To try on – *provar*
To wrap up – *agasalhar*

Purchasing clothes – *Comprar roupas* (74)

- Do you have these shoes in a size ten?
  Você tem estes sapatos no tamanho 43?

- I was wondering if you had this in a medium.
  Queria saber se você tem um destes no tamanho M.

- How much is this red blouse?
  Quanto é essa blusa vermelha?

- How much is the one with polka dots?
  Quanto é aquele de bolinhas?

- Can you sell me the shirt on display?
  Posso levar a camisa da vitrine?

- Do you have any more in stock?
  Você tem outro no estoque?

Trying out clothes – *Experimentar roupas* (75)

- Can I try this on in the fitting room?
  Posso experimentá-lo no provador?

- Help me button this up.
  Ajude-me com este botão.

- Can you zip the back, please.
  Pode fechar o zíper para mim, por favor?

- Please help me get these boots off.
  Por favor ajude-me a tirar essas botas.

- Try this on.
  Experimente esta.

- Put this on and see if it fits you.
  Experimente essa para ver se cabe em você.

Clothing – *Roupas*

Men's Clothing – *roupa masculina*

T-shirt – *camiseta*
Shirt – *camisa*
Jacket – *jaqueta*
Coat – *casaco*
Vest – *camiseta usada embaixo da roupa/regata*
Overall/a pair of overalls – *jardineira/macacão*
Pants (nos Estados Unidos)/a pair of pants – *calça*
Trousers (no Reino Unido)/a pair of trousers – *calça*
Jeans/a pair of jeans – *calça jeans*
Khakis – *shorts*
Shorts – *shorts, bermudas*
Briefs – *cueca*
Boxers – *cuecas boxer*
Socks – *meias*

Women's Clothing – *roupa feminina*

Blouse – *blusa*
Blazer – *blazer*
Top – *top*
Tube top (nos Estados Unidos)/Boob tube (No Reino Unido) – *tomara que caia*
A dress – *um vestido*
A skirt – *uma saia*
A mini-skirt – *uma minissaia*

Baby Garments – *roupa de nenê*

Bib – *babador*
Leggings – *meia-calça*
Romper suit (no Reino Unido)/one-piece suit/coverall – *macacão*
Nappy – nappies (no Reino Unido)/diaper (nos Estados Unidos) – *fralda*
Pyjama suit – *pijama*
Vest – *camisetinha*

Women's Undergarments – *lingerie*

Bra/Brassiere – *sutiã*
Merry window – *corsete*
Camisole – *camisola*
Knickers (no Reino Unido)/Panties (nos Estados Unidos) – *calcinhas*
Thong – *fio dental*
Stockings/Pantyhose/Tights – *meia-calça*
Knee-high socks – *meias tipo três quartos*

To sleep in – *para dormir*

Pyjamas – *pijama*
Nightdress – *camisola*
Dressing gown – *roupão*

Swimwear – *roupa de praia/banho*

Bikini/two-piece – *biquíni*
Swimsuit/Tank suit/one-piece – *maiô*
Swim trunks/swim shorts – *sunga/bermudas*

Winter wear – *roupa de inverno*

A sweater – *blusa de lã*
A sweatshirt/A hoodie (nos Estados Unidos) – *moletom*
A cardigan – *jaqueta de lã*
A jumper (no Reino Unido)/a pullover (nos Estados Unidos) – *blusa de lã*
A raincoat – *casaco de chuva*
A parka – *casaco de frio*

Footwear – *calçado*

Dress shoes – *sapato formal*
Tennis shoes – *tênis*
Boots – *botas*
Cowboy boots – *botas de cowboy*

Hiking boots – *botas da montanha*
Sandals/thongs/flip-flops – *havaianas, chinelos*
High heels – *salto alto*
Platform Shoes – *plataformas*
Slippers – *pantufas*

Headwear – *para a cabeça*

A cap – *um boné*
A baseball cap – *um boné de beisebol*
A hat – *um chapéu*

Fashion – *moda*

Colours (no Reino Unido)/Colors (nos Estados Unidos) – *Cores*
Black – *preto*
White – *branco*
Red – *vermelho*
Yellow – *amarelo*
Orange – *laranja*
Blue – *azul*
Green – *verde*
Purple/violet – *púrpura/lilás*
Brown – *marrom*
Pink – *rosa*
Silver – *prateado*
Gold – *dourado*
Grey (no Reino Unido)/gray (nos Estados Unidos) – *cinza*

Patterns – *estampas e desenhos*

Horizontal stripes – *listras horizontais*
Vertical stripes – *listras verticais*
Polka dots – *bolinhas*
Plain – *cor lisa*
Patterned – *estampada*
Flower patterned – *estampa floral*

Paisley – *estampa Paisley*
Argyle patterned – *estampa Argyle*
Tartan – *xadrez*

Accessories – ***acessórios***

A tie – *gravata*
A bow-tie – *gravata-borboleta*
A bolo tie – *gravata de cordão estilo country*
A belt – *cinto*
Gloves – *luvas*
A scarf – *cachecol*
A handbag – *bolsinha de mão*
A handkerchief – *lenço (de bolso)*
Glasses – *óculos*
Sunglasses – *óculos de sol*
A tattoo – *tatuagem*
A wallet – *carteira*

Jewelry (nos Estados Unidos)/Jewellery (no Reino Unido) – ***joias***

A ring – *anel*
A wedding ring – *aliança (anel de casamento)*
An engagement ring – *anel de noivado*
A bracelet – *pulseira*
A brooch – *broche*
An anklet – *tornozeleira*
An earring/earrings – *brinco/brincos*
A toe ring – *anel para dedo do pé*
A hairpin – *grampo de cabelo*
A necklace – *colar*
A tiara – *tiara*
A watch – *relógio*
A pocket-watch – *relógio de bolso*

Toiletries – *artigos de higiene*

A brush/a hairbrush – *escova (de cabelos)*
A comb – *pente*
Cologne – *água de colônia*
Hair gel – *gel fixador*
Hair spray – *spray para cabelos*
Make-up – *maquiagem*
Lipstick – *batom*
Eye-liner – *rímel*
Perfume – *perfume*
A toothbrush – *escova de dentes*
Razor – *lâmina de babear*
Shaving cream – *creme de barbear*
Toothpaste – *pasta de dentes*

Piercings

Ear piercing – *piercing na orelha*
Lip piercing – *piercing no lábio*
Navel piercing – *piercing no umbigo*
Nose piercing – *piercing no nariz*
Tongue piercing – *piercing na língua*

These shoes are killing me.

16 Reactions and clarifications – *Reações e esclarecimentos*

Interagir na comunicação requer bom conhecimento da língua, para poder, por exemplo, expressar interesse ou surpresa frente a informações e novidades contadas por outras pessoas. Além disso, para entender a mensagem do outro, às vezes é necessário pedir para que ela se expresse com maior clareza. Também, nem tudo que falamos sai do jeito que gostaríamos e é possível que precisemos explicar melhor quais são nossas intenções e ideias. É simples, porém importante, saber dominar as expressões deste capítulo, que oferece opções para explicar e entender melhor as mensagens.

16.1 Positive reactions – *Reações positivas* (76)

- That's amazing! (no Reino Unido)/That's awesome! (nos Estados Unidos)
  Que incrível/maravilhoso!

- How incredible!
  Que incrível!

- Well, what do you know!
  Puxa, que coisa!

- That's unbelievable!
  Que inacreditável!

- That ace! (nos Estados Unidos)
  Que legal!

- Fantastic!
  Maravilha!

- That's cool! (nos Estados Unidos)
  Que legal!

- That’s so cute! (nos Estados Unidos)
  Que bonitinho!

16.2 Negative reactions – *Reações negativas* (77)

- That's all I needed!
  É só o que me faltava!

- Oh, my God!
  Ah, meu Deus!

- Of all the stupid!
  Que idiota/burro!

- Why did this have to happen to me!
  Por que isso tinha que acontecer comigo!

- That's just my luck!
  Que azar!

- Oh, for goodness sake!
  Ah, pelo amor de Deus!

- Bloody hell!
  Que diabos!

16.3 Expressing disbelief – *Expressar incredulidade* (78)

- I don't believe it!
  Não acredito!

- That can't be right!
  Não pode ser!

- There's no way!
  Não pode ser!

- Are you absolutely sure?
  Tem certeza absoluta?

- You're joking!
  Você está brincando!

- What!?
  Quê!?

- Did you see that?
  Você viu aquilo?

- What the hell was that?
  Que diabos foi aquilo?

- You've got to be kidding me!
  Você está de brincadeira comigo!

- I can't believe my eyes!
  Não acredito no que estou vendo!

- That's impossible?!
  Não é possível?!

- No way!
  Sem chance!

16.4 Asking and giving clarification – *Pedir e dar esclarecimentos* (79)

- What do you mean?
  O que você quer dizer?

- I mean...
  Quero dizer...

- In other words...
  Em outras palavras...

- [...] Which means...
  [...] *O que quer dizer...*

- I don't understand! Explain again.
  Não entendo! Explique de novo.

- I'm not clear what you mean by that!
  Não sei exatamente o que você quer dizer com isso!

- Can you explain exactly what you meant?
  Pode me explicar exatamente o que quis dizer?

- Huh?
  Hein?

- What is it you are trying to say?
  O que você está querendo dizer?

Different meanings of "Mean" –
Significados diferenciados da palavra "mean"

- He's a mean old tight-fisted bastard.
  Ele é um velho mau, miserável e mão de vaca.

- I meant to./ It was my intention.
  Foi a minha intenção.

- I didn't mean to.
  Foi sem querer./ Não foi a minha intenção.

- What do you mean by that!?!
  O que você quer dizer com isto?

- The mean (average) rainfall is 30 cm a year.
  A média da precipitação anual é de 30 cm.

- That was mean.
  Que cruel!

17 Shopping – *Ir às compras*

O mundo adora ir ao shopping, alguns, para gastar, outros só para passear e se distrair. Para curtir mais, é bom ter algumas frases na ponta da língua para facilitar seu dia e suas compras.

17.1 Shopping – *Ir às compras* (80)

- I'm looking for...
  Estou procurando...

- I want to buy...
  Quero comprar...

- Have you got a...
  Você tem um/(a)...

- Do you sell...
  Você vende...

- I need a...
  Preciso de um/(a)...

- I'm just looking, thank you.
  Só estou dando uma olhadinha, obrigado.

- To go window shopping.
  Dar uma olhada nas vitrines.

- Go to the shops.
  Ir às compras.

- Go to the shopping centre (no Reino Unido)/mall (nos Estados Unidos).
  Ir ao shopping center.

17.2 At the counter – *No balcão* (81)

- Can I help you?
  Posso te ajudar?

- Would you like anything else?
  Você gostaria de mais alguma coisa?

Would you like anything else?

- Is that all?
  Isso é tudo?

- How can I help you?
  Como posso ajudá-lo?

- Will there be anything else for you?
  Deseja mais alguma coisa?

17.3 At the till (no Reino Unido)/Checkout counter (nos Estados Unidos) – *No caixa* (82)

- How would you like to pay?
  Como você gostaria de pagar?

- Could you enter your PIN number (Personal Identification Number)?
  Pode colocar sua senha?

- Put it on my credit card, please.
  Passe no meu cartão de crédito, por favor.

- I'll pay with my debit card.
  Vou pagar com o cartão de débito.

- I'll pay with my charge card (American Express/Diners Card).
  Vou pagar com o American Express/Diners Card.

The chemists (no Reino Unido)/
Drug store (nos Estados Unidos) – *farmácia*

Almond oil – *óleo de amêndoas*
Aspirin – *aspirina*
Body lotion – *loção corporal*
Conditioner – *condicionador*
Cough mixture (no Reino Unido)/syrup (nos Estados Unidos) – *xarope*
Dental floss – *fio dental*
Hair dye – *tinta de cabelo*
Hand cream/hand lotion (nos Estados Unidos) – *creme para as mãos*
Kleenex – *lenços de papel*
Mouthwash – *antiséptico bucal*
Shampoo – *shampoo*
Sunblock – *protetor solar*
Tampons/sanitary napkins – *modes/absorvente*

Toilet paper – *papel higiênico*
Toothbrush – *escova de dentes*
Toothpaste – *pasta de dentes*
Vitamin C tablets – *vitamina C*

18 Transport – *Transporte*

Para chegar longe, o transporte é essencial, a não ser que você seja do tipo que gosta de andar para todo lugar. Mas quando não se conhece o sistema de transporte, nem o lugar, nem preços, o "bicho começa a pegar", a menos que você se arme com a linguagem básica para driblar qualquer contratempo. Além de tudo, você não quer cometer o erro de se perder na cidade grande à toa.

18.1 Taxi – *Táxi* (83)

- I need to get to the strand...
  Preciso ir ao...

- Could you take me to 55, Beech Avenue, please.
  Você pode me levar a Beech Avenue, número 55, por favor.

- The airport, please.
  Para o aeroporto, por favor.

- How much do you charge to go to...?
  Quanto você cobra para ir à...?

- Can I pay a flat rate?
  Há um preço fixo?

- To the airport, quick!
  Para o aeroporto, depressa!

18.2 Car rental – *Aluguel de carro* (84)

- I'd like to rent a car.
  Quero alugar um carro.

- What is the daily charge?
  Qual é a taxa diária?

- Is the mileage included?
  A quilometragem está incluída?

- Has it got air conditioning?
  (O carro) Tem ar condicionado?

- Do you have a special weekend rate?
  Há uma tarifa especial para o fim de semana?

- Do you have an economy car?
  Você tem um carro pequeno?

- How much is the auto insurance?
  Quanto custa o seguro?

Types of Car – *Tipos de carro*

Hatchback – *três portas*
Estate – *caravana*
Saloon (UK)/ Sedan (US) – *sedan*
SUV – *SUV (carro para família)*
Pick up – *picape*
Van – *van*
Mini-bus – *micro-ônibus*
Sports car – *carro esportivo*
Coupe – *coupé*
Four-wheel drive – *4x4 off road*

18.3 Catching a bus – *Pegar ônibus* (85)

- Is this the right bus for Picadilly Circus?
  Este é o ônibus para Picadilly Circus?

- Does this bus go to Times Square?
  Este ônibus vai para a Times Square?

- How much is it to Notting Hill?
  Quanto é para Notting Hill?

- Does this bus go past the Railway Station?
  Esse ônibus passa na estação de trem?

- Can I get a bus downtown from here?
  Nesse ponto passa um ônibus para o centro?

18.4 Getting the underground/tube (no Reino Unido)/subway (nos Estados Unidos) – *Usar o metrô* (86)

- A ticket for zone 1, please.
  Um bilhete simples para zona 1, por favor.

- Which line do I take for Covent Garden?
  Qual linha preciso pegar para Covent Garden?

- Where do I change to get on the District and Circle?
  Onde preciso descer para pegar a linha District e Circle?

- Is this the right direction for Aldgate?
  É essa a direção certa para Aldgate?

- When is the first train in the morning?
  A partir de que horas circulam os trens?

- What time does the underground stay open 'til?
  Até que horas fica aberto o metrô?

- How late do the trains run?
  Até que horas funciona o metrô?

Modes of transport – ***Meios de transporte***

To ride a horse (camel, elephant) – *montar um cavalo (camelo, elefante)*
To ride a motorbike (no Reino Unido)/motorcycle (nos Estados Unidos) – *andar de moto*
To go by car (bus, train, plane) – *ir de carro (ônibus, trem, avião)*
To drive – *dirigir*
To fly – *voar*
To walk (to go on foot) – *andar/ir a pé*
To cycle – *andar de bicicleta*

18.5 Flying – *Viajar de avião* (87)

- Flight BA112 for New York is currently boarding at Gate 75.
  O voo BA112, com destino a Nova York, tem seu embarque no portão 75.

- Will all passengers for Madrid please proceed to the waiting lounge.
  Por favor, todos os passageiros com destino a Madrid, sigam para a sala de espera.

- Passengers in international transit are required to collect their baggage and check in for their ongoing connection.
  Os passageiros em trânsito com destinos internacionais devem pegar sua bagagem e fazer um novo check in para sua conexão atual.

- We are sorry to announce that due to fog, all flights are delayed.
  Lamentamos informar que, devido à neblina, todos os voos estão atrasados.

- On behalf of the captain, may I welcome you all aboard flight 421 to Dusseldorf.
  Da parte do comandante, eu gostaria de dar as boas-vindas para todos os passageiros a bordo do voo 421, para Dusseldorf.

- We will be flying out over the Azores and then on to Bridgetown Barbados.
  Voaremos rumo ao Açores e depois diretamente para Bridgetown, em Barbados.

- Our expected time of arrival (ETA) is 9:45 am.
  Nossa chegada está prevista para as 9h45min.

- We request all passengers to take their seats as we are heading into turbulence.
  Solicitamos que todos os passageiros voltem a seus assentos porque estamos entrando numa turbulência.

- The weather at London Heathrow is a cool 14 degrees with slight drizzle.
  A temperatura no aeroporto de Londres (Heathrow) é de 14 graus com garoa leve.

Flying – *Voar*

To take off – *decolar*
To land – *aterrissar*
Fasten your seatbelt – *colocar o cinto de segurança*
Overhead locker (no Reino Unido)/compartment (nos Estados Unidos) – *compartimento de bagagem*
To put the seat upright – *colocar o assento na posição vertical*
In-flight attendant/flight attendant/airline stewardess (nos Estados Unidos) – *aeromoço/a*
Cruising at 55,000 feet – *voando a 55 mil pés*

The word "fast" – uma gama de interpretações da palavra "fast"

Fast (quick) – *rápido*
Fastfood – *fast-food (comida rápida)*
Fast (not eat) – *jejum*
Breakfast – *lit. break + fast, quebrar o jejum*
Fast asleep (in deep sleep) – *dormir profundamente*
Make the boat fast – *atar ou segurar o barco*
Fasten (to tie or link) – *prender ou fixar algo*
Fastener (type of button) – *colchete*

19 Social occasions – *Eventos sociais*

Chegamos às ocasiões sociais, que talvez apresentem algumas das situações mais difíceis de lidar. Quando relaxadas, as pessoas podem falar um número maior de gírias. Além disso, você pode ter que quebrar o gelo em alguns momentos, o que às vezes não é nada fácil, a menos que esteja preparado para essa tarefa.

19.1 Happy hour – *Happy hour* (88)

- So what will you have?
  Então, o que você vai tomar?

- Just one, I'm driving.
  Somente um, estou dirigindo.

- Let's have a drink after work.
  Vamos tomar uma bebida depois do trabalho.

- Are you going for a quick one after work?
  Você vai tomar um drinque no final do expediente?

- Don't drink and drive!
  Se for dirigir, não beba!

- Give me a pitcher of beer.
  Uma caneca de cerveja.

- I think I'll have a cocktail.
  Vou querer um coquetel.

- Can I have a glass of wine, please?
  Uma taça de vinho, por favor?

- Cheers!
  Saúde!

- Chin chin!
  Saúde!

- A toast to your good health!
  Um brinde para você!

19.2 Coffee break – *Coffee break (intervalo para o café)* (89)

- What did you think of the presentation?
  O que você achou da apresentação?

- The presentation was alright. It could have been better.
  A apresentação foi razoável. Poderia ter sido melhor.

- My God! That was the longest presentation ever!
  Meu Deus! Que apresentação mais demorada!

- It was hot in there, don't you think?
  Estava muito calor lá dentro, não acha?

- I enjoyed the first presentation.
  Gostei da primeira apresentação.

- The session was a bit long, don't you agree?
  A sessão estava um pouco demorada, não acha?

- That was a big waste of time.
  Que grande perda de tempo.

19.3 Weddings – *Casamentos* (90)

- The groom is the luckiest man alive!
  O noivo é o homem mais sortudo no mundo!

- What a boring wedding reception!
  Que casamento mais chato!

- This wedding reception is the best! (nos Estados Unidos)
  Que casamento maravilhoso!

- The bride looks lovely!
  A noiva está radiante!

- She looks nervous.
  Ela parece nervosa.

- Weddings always bring a tear to the eye.
  Casamentos sempre me fazem chorar.

Weddings always bring a tear to the eye.

- She's not pregnant, is she?
  Será que ela está grávida?

- I heard we're having salmon, how original!
  Ouvi que tem salmão no cardápio, que original!

- Don't think much of the wine!
  Não espere muito do vinho!

- These shoes are killing me!
  Esses sapatos estão me matando!

19.4 Telephone and the Internet – *Telefone e Internet* (91)

- Is there a lan-house around here?
  Tem uma lan-house por aqui?

- Have you seen my new mobile phone?
  Você viu o meu novo celular?

- What is your e-mail address?
  Qual é seu e-mail?

- Have you got broadband?
  Você tem banda larga?

- Are you on Skype?
  Você usa Skype?

- Do you use *Messenger*?
  Você usa Messenger?

- I'll attach some photos.
  Vou te mandar algumas fotos anexadas no e-mail.

20 Chatting someone up/ Pick-up lines – *Paquera*

A vida não seria completa sem um pouco de companhia, e a paquera existe em toda parte. Neste capítulo, há algumas frases de paquera, desde as que existem atualmente até frases clássicas do gênero. Não são garantidas, mas, de qualquer forma, é preciso dar o primeiro passo, certo?!

20.1 Getting close: the chat up (no Reino Unido)/ the pick-up line (nos Estados Unidos) – *Aproximando-se para paquerar* (92)

- Hello gorgeous!
  Olá, linda!
- Don't I know you from somewhere?
  Não te conheço de algum lugar?
- Do you come here often?
  Você vem sempre aqui?
- Can I buy you a drink?
  Posso te pagar uma bebida?
- May I sit here?
  Posso sentar aqui?
- That's a pretty dress!
  Que lindo vestido!
- I love your perfume. Is that [...].
  Adorei seu perfume! É [...].
- Didn't we go to the same school?
  Não estudávamos na mesma escola?

- Haven't we met before?
Não nos conhecemos de algum lugar?

- What's your astrological sign?
Qual é o seu signo do zodíaco?

- What do you say we go back to my place for a drink?
O que você acha de irmos tomar algo no meu apartamento?

20.2 Avoiding the chat up (no Reino Unido)/ the pick-up line (nos Estados Unidos) – *Evitar a paquera* (93)

- Sorry. I am not interested.
Desculpe. Não estou interessada.

- I am waiting for someone (boyfriend/husband). He'll be here any minute.
Estou esperando alguém (namorado/marido). Ele deve estar chegando.

- I am sorry. I am with someone.
Desculpe. Estou com alguém.

- Not even if you were the last man alive.
Nem mesmo se você fosse o último homem na face da terra.

- Oh come on! You can do better than that!
Ah, vamos lá! Você pode fazer melhor que isso!

- Buddy! I am not interested.
Cara, se toca!

- Get lost, pal!
Cai fora, cara!

20.3 Accepting the chat up (no Reino Unido)/ the pick-up line (nos Estados Unidos) – *Mostrar-se interessado na paquera* (94)

- What did you say your name was?
  Qual é o seu nome mesmo?

- It's nice to meet you.
  Prazer em conhecê-lo.

- You're cute.
  Você é fofo.

- Oh, I bet you say that to all of the girls.
  Aposto que você fala isso para todas as garotas.

- Come and meet my friends.
  Venha conhecer os meus amigos.

- Want to go some place more quiet/intimate?
  Quer ir a um lugar mais sossegado/íntimo?

- Let's go dance.
  Vamos dançar.

- Let's go back to my place for a last drink.
  Vamos ao meu apartamento para tomar uma saideira.

- How about going back to my place for a cup of coffee?
  Que tal ir a minha casa para tomar um café?

21 Other essential curiosities – *Outras curiosidades essenciais*

Neste capítulo, veremos algumas dúvidas cotidianas da linguagem, tais como, verbos básicos que usamos nos lugares por onde passamos, e também aqueles relacionados ao movimento do corpo. Além disso, veremos as contrações usadas com frequência no dia a dia dos falantes nativos. Aqui você pode tirar algumas das dúvidas mais comuns e ampliar seus canais de comunicação.

21.1 Basic movement inside buildings – *Movimentação básica nos edifícios* (95)

- To go upstairs.
  Subir a escada.

- To go out the door.
  Sair pela porta.

- To go downstairs.
  Descer a escada.

- To leave the house.
  Sair de casa.

- To walk in (come in through) the door.
  Entrar pela porta.

Physical movement – *Movimento corporal*

Get up – *levantar*
Lie down (lay down) – *deitar*
Run – *correr*
Sit down – *sentar*
Stand (stay standing) – *ficar em pé*
Stand up – *levantar*
Stroll – *dar uma volta, passear*
Turn around – *virar*
Walk – *andar, passear*

21.2 Coming and Going - *O vai e vem* (96)

- Are you coming to my party later?
  Você virá à minha festa mais tarde?

- I'll come over later.
  Vou lá mais tarde.

- Are you going to travel?
  Você vai viajar?

- I'm off to New York next week.
  Vou para Nova York na semana que vem.

- Alright, alright! I'm just coming!
  Tá bom, tá bom! Estou indo!

- Where are you going?
  Onde você está indo?

- Judy says she will be late but she is coming.
  Judy diz que ela vai se atrasar, mas está vindo.

Getting in, on, off or out – *Subir/descer; entrar/sair*

Get in the car – *entrar no carro*
Get in the carriage – *entrar no vagão*
Get off the bus – *descer do ônibus*
Get off the plane – *descer do avião*
Get off the train – *descer do trem*
Get on a bus – *subir no ônibus*
Get on a motorbike (no Reino Unido)/motorcycle (nos Estados Unidos) – *subir na moto*
Get on a plane – *subir no avião*
Get on a train – *subir no trem*
Get out of the car – *sair do carro*
Get out of the carriage – *sair do vagão*

Slang abbreviations and shortening –
***Abreviações das formas verbais na gíria* (97)**

Wanna (want to) – *querer (fazer/ir/comprar etc.)*
Gonna (going to) – *ir (fazer/ir/comprar etc.)*
Gotta (I've got to/you've got to) – *ter que (fazer/ir/comprar etc.)*
D'ya (Do you/ Did you) – (modal do presente e passado contraído com a segunda pessoa singular ou plural) – *você foi/você vai? (fazer/ir/comprar etc.)*
Outta (ought to) – *deveria (fazer/ir/comprar etc.)*
Cudda (could have) – *poderia ter (feito/ido/comprado etc.)*
Wudda (would have) – *teria (feito/ido/comprado etc.)*
Shudda (should have) – *devia ter (feito/ido/comprado etc.)*

NOTES / ANOTAÇÕES

NOTES / ANOTAÇÕES

PARMA
Impressão e acabamento
Editora Parma LTDA
Tel.:(011) 2462-4000
Av.Antonio Bardella, nº280,Guarulhos,São Paulo-Brasil